# MONT-BLANC

## Le Royaume de la Déesse blanche

SCÉNARIO
**VIVIANNE PERRET**

DESSIN
**LAURENT BIDOT**

**Glénat**

À Elisabeth Courtial et sa famille, descendants de Michel-Gabriel Paccard.

Pour mon Hugo
En souvenir de nos vacances
à Chamonix.
le 11 Août 2010. Baba.

www.glenatbd.com

© 2010 Éditions Glénat-b.p.177 - 38008 Grenoble cedex
Tous droits réservés pour tous pays.
Dépôt légal : juillet 2010
ISBN : 978-2-7234-7523-5
Achevé d'imprimer en France en juin 2010 par Pollina - 154233,
sur papier provenant de forêts gérées de manière durable.

CRAK

AAAAAH!

BIDOT

TON ROYAUME M'ÉCHAPPE ENCORE, DÉESSE BLANCHE !

À 24 ANS J'AI FORCE ET VIGUEUR POUR TE VAINCRE !

MAIS NE TE RÉJOUIS PAS TROP VITE.

TIENS DONC !?!

GERVAIS ET CE JEUNOT DE BARRAT !

QU'EST-CE QU'ILS MIJOTENT PAR ICI ?

QUELLE DÉVEINE ! C'EST CE TOQUÉ DE BALMAT !

HOLÀ, JACQUES ! TU TE SOUVIENS DU JOSEPH ?

SALUT.

QU'EST-CE QUI VOUS AMÈNE ?

TAIS-TOI ! J'EN FAIS MON AFFAIRE.

ON COURT APRÈS MES CABRIS QUI SE SONT ÉCHAPPÉS.

BEN VOYONS ! SI HAUT ET AVEC DES SACS PLEINS DE VIANDE SÉCHÉE ET DES MOUFFLES POUR LA NEIGE ?!?

VOUS SERIEZ PAS PLUTÔT EN TRAIN DE COURIR APRÈS LA RÉCOMPENSE DU GENEVOIS ? QUI ATTEND DEPUIS DES LUSTRES QU'ON LUI OUVRE LA VOIE ?

PAS SANS MOI !

T'AS GAGNÉ, TÊTE DE MULE !

VA DÉPOSER TA BÊTE ET TE CHANGER.

ON T'ATTENDRA AU BEC À L'OISEAU !

LA NUIT VA BIENTÔT TOMBER. BALMAT NE SERA PAS LÀ AVANT L'AUBE.

VAS-TU ME DIRE À LA FIN POURQUOI T'AS CÉDÉ ?!?

CE GARS, Y CROIT QUE LA MONTAGNE LUI APPARTIENT ! J'VOIS PAS POURQUOI ON PARTAGERAIT LA RÉCOMPENSE AVEC CE TAISEUX QUI S'MÊLE JAMAIS AU VILLAGE !

CALME-TOI...

UN GARS COMME LUI, FORT COMME UN BOEUF, C'EST PRÉCIEUX, ET À FORCE DE GRATTER LA ROCHE POUR LES CRISTAUX, IL CONNAÎT LA TAUPINIÈRE BLANCHE MIEUX QUE QUICONQUE.

6

8

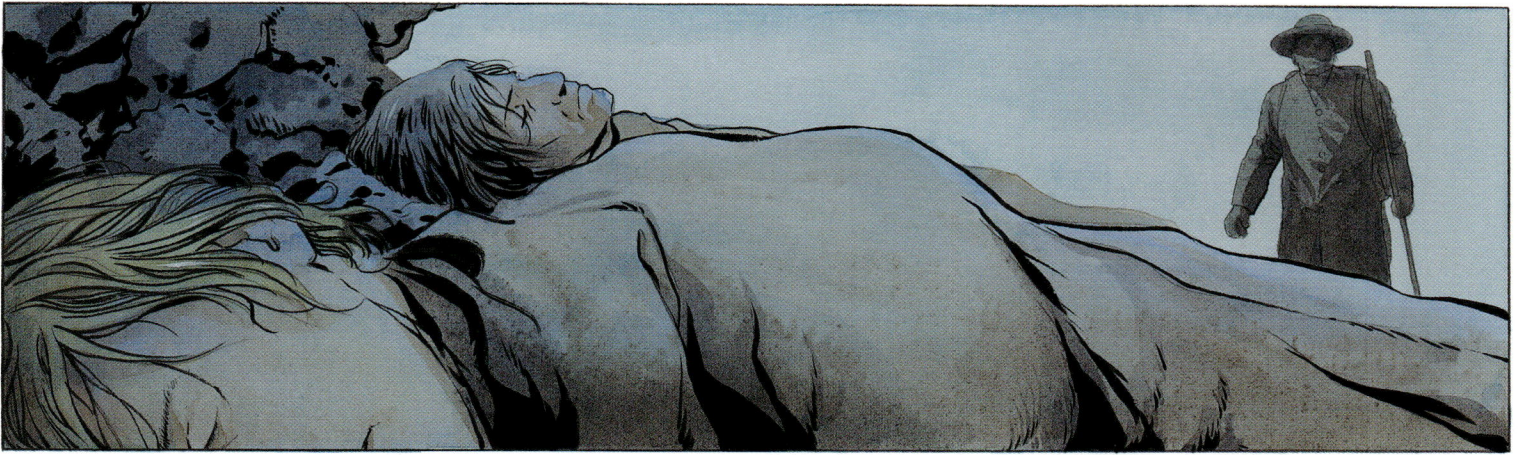

HEIN ? QU'EST-CE QUE C'EST ?!?

DEBOUT !

DIRECTION LE DÔME DU GOÛTER !

REGARDEZ !!

C'EST COUTTIER AVEC PETIT-LOUIS !

TU CROIS QU'EUX AUSSI Y CHERCHENT LA VOIE POUR GRIMPER ?

QUEL BENÊT TU FAIS ! BIEN SÛR...

ON REVIENT TOUS AU MÊME CROISEMENT...

ET LÀ, PFFF... PLUS MOYEN DE GRIMPER.

CETTE MONTAGNE EST VRAIMENT MAUDITE, J'VOUS DIS !

ON A TENTÉ UNE AUTRE ROUTE QU'A RIEN DONNÉ.

LE JOUR DÉCLINE.... QU'EST-CE QU'ON FAIT ?...

T'AS RAISON, Y FAUT SE DÉCIDER.

FAUDRAIT VOIR À PAS RESTER COINCÉS DANS LA NUIT, SANS SAVOIR OÙ QU'ON POSE LES PIEDS.

BON, ALORS ? ON RENTRE OU ON CONTINUE ?

ET TOI, BALMAT, T'EN PENSES QUOI ?

? ? ? ?

8

PEUT-ÊTRE QU'ON POUVAIT ENCORE PATIENTER ?

TU PLAISANTES ! ON PRENAIT RACINE À ATTENDRE SA SEIGNEURIE.

C'EST VRAI, À LA FIN. S'IL VEUT FAIRE CAVALIER SEUL, C'EST SON PROBLÈME.

IL GUIDE MÊME PAS AUX GLACIÈRES COMME NOUS, MAIS Y S'CROIT AU-DESSUS DU LOT.

C'EST PAS UN MAUVAIS BOUGRE. JUSTE UN PEU SAUVAGE.

BEN, QU'IL S'DÉBROUILLE AVEC SA TAUPINIÈRE BLANCHE !

9

À NOUS DEUX, MA JOLIE !

HÉ, HÉ. IL Y A COMME UN CHEMIN QUI SE DESSINE.

OH, NON ! PAS CETTE SALETÉ DE BROUILLARD !

ENTRE L'OMBRE DE LA NUIT ET LE BROUILLARD...

...JE NE DISTINGUE PLUS À TROIS PAS...

10

12

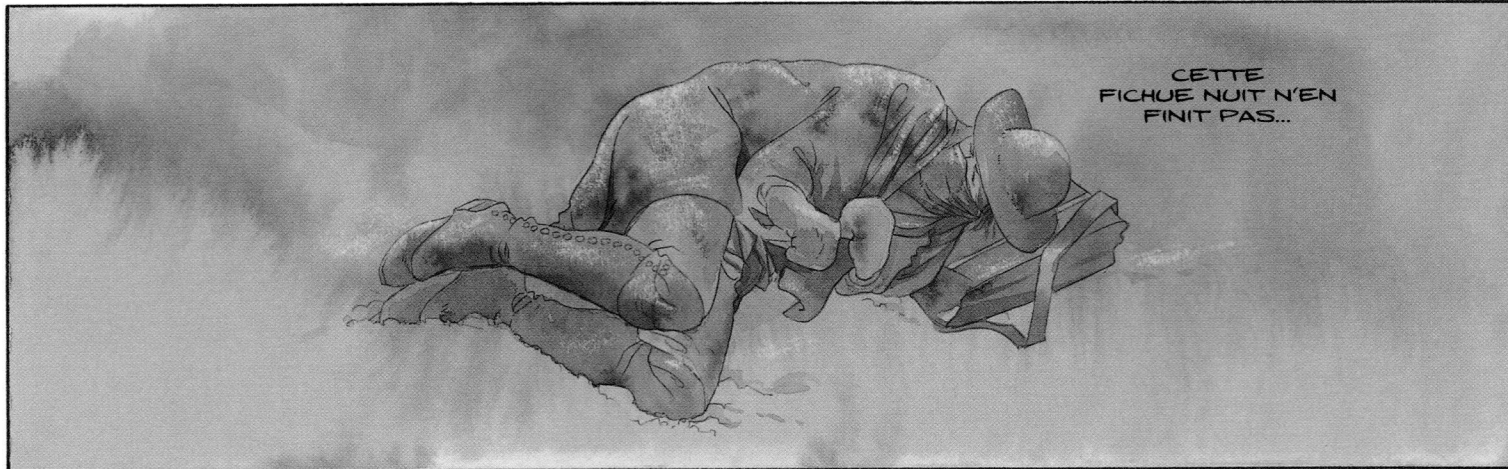

CETTE FICHUE NUIT N'EN FINIT PAS...

JEANNE-MARIE DOIT M'ATTENDRE.

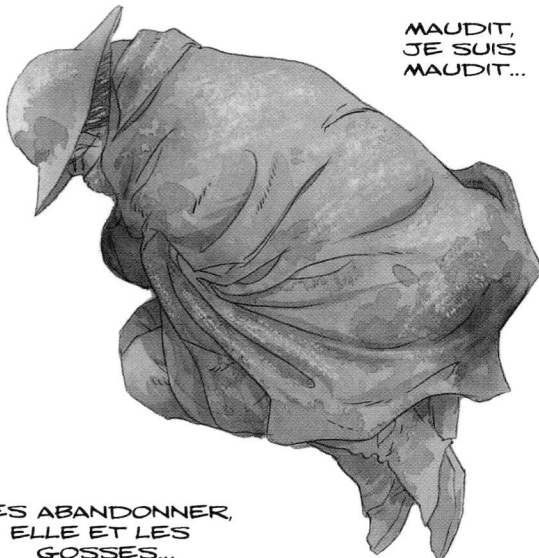

MAUDIT, JE SUIS MAUDIT...

LES ABANDONNER, ELLE ET LES GOSSES...

BALMAT
BALMAT
BALMAT
BALMAT

EH BEN, LA JEANNE-MARIE, T'ATTENDS TOUJOURS TON HOMME ?

FAUT QU'IL SOIT FOU POUR S'GELER TOUTE LA NUIT LÀ-HAUT !

PEUT-ÊTRE IL A VU LA DÉESSE BLANCHE ? PARAÎT QU'ELLE EST BELLE.

Y T'EN AURA OUBLIÉE ?

JE NE SUIS PAS SOUCIEUSE.

MON JACQUES, J'AI L'HABITUDE DE LE VOIR REVENIR DES JOURS APRÈS DE LA MONTAGNE, LA FAIM AU VENTRE MAIS BIEN VIVANT.

SI TU L'DIS, LA JEANNE-MARIE ! Y REVIENDRA !

MAIS DANS QUEL ÉTAT ?!?

MAUDITE MONTAGNE QUI L'OBSÈDE !

QU'IL RESTE ET S'OCCUPE DE LA FERME !

PAPA !

JACQUES !

LA ROUTE... JE SAIS...

13

GENÈVE...

CATHÉDRALE SAINT-PIERRE.

DEVANT, LÀ, C'EST MONSIEUR DE SAUSSURE ET SA DAME.

LE PROFESSEUR DE L'ACADÉMIE ?

LE CHANTRE VOUS FAIT DE GRANDS SIGNES, MON AMI.

CAUSER AVEC CET ENCOMBRANT BOURRIT ? VOUS N'Y PENSEZ PAS !

C'EST UN GRAND SAVANT. IL A BEAUCOUP VOYAGÉ.

JE N'AI NULLEMENT LE DÉSIR DE ME REMÉMO-RER MA DOULOUREUSE EXPÉRIENCE DE L'ÉTÉ DERNIER. UNE ASCENSION DU MONT-BLANC PARFAITEMENT RATÉE GRÂCE À SA STUPIDITÉ.

CET EXCITÉ OSE SE PRÉTENDRE GUIDE !!

PARTONS VITE !

TROP TARD, MON AMI. IL EST DERRIÈRE NOUS.

MONSEIGNEUR, MONSEIGNEUR !!

14

16

MES HOMMAGES, MADAME DE SAUSSURE, MES HOMMAGES !

AH, MONSEIGNEUR, QUEL PLAISIR DE VOUS VOIR !

AVEZ-VOUS REÇU MA DERNIÈRE GRAVURE SUR LA MER DE GLACE ?

UNE BEAUTÉ, N'EST-CE PAS ?

CERTES, VOTRE TALENT DE PEINTRE EST INDÉNIABLE. CEPENDANT VOS DONS D'OBSERVATION SONT EXÉCRABLES.

AH BON ?

POURQUOI CELA ?

PARCE QUE, MONSIEUR, VOUS AVEZ DESSINÉ LE PAYSAGE À L'ENVERS !

BAH ! UN PETIT DÉTAIL SANS IMPORTANCE.

IL SUFFIT DE REGARDER LA GRAVURE EN S'AIDANT D'UN MIROIR.

LE ROI DES FRANÇAIS NE S'EST PAS TROUBLÉ POUR SI PEU.

SA MAJESTÉ LOUIS XVI VIENT DE M'OCTROYER UNE PENSION EN ÉCHANGE DE DEUX DE MES GRAVURES PAR AN.

D'AILLEURS, JE PARS TANTÔT POUR CHAMONY, COMME CHAQUE ÉTÉ.

BON VENT !

15

QUELLE FROIDEUR ENVERS NOTRE CHANTRE, MON AMI !

VOUS PARTAGEZ AVEC CET HOMME LE FERVENT DÉSIR DE GRAVIR LE MONT-BLANC. CELA DEVRAIT VOUS UNIR !

ME COMPARER À CE NÉGLIGENT DE BOURRIT ! VOUS Y ALLEZ FORT, MA CHÈRE !

VOICI MON DOMAINE ! SCIENCE ET PRÉCISION. L'INVERSE DE CE FANFARON !

JE RÊVE DE PORTER AU SOMMET DU MONT-BLANC MES INSTRUMENTS, D'Y FAIRE OBSERVATIONS ET EXPÉRIENCES QUI SERVIRONT LA CAUSE DU SAVOIR.

UN RÊVE BIEN LONG.

DÉJÀ TANT D'ANNÉES À L'ESPÉRER...

16

18

CHAMONIX...

AUBERGE DU PONT

AUBERGE DU PONT

1752

DOCTEUR PACCARD ! PAR ICI !

AH, MONSIEUR BOURRIT. BONJOUR !

ME VOICI DE RETOUR AVEC LE MOIS D'AOÛT ! PRENEZ PLACE.

J'AI HÂTE D'ENTENDRE VOS NOUVELLES DE GENÈVE !

MONSIEUR DE SAUSSURE EST-IL PRÊT À TENTER UNE AUTRE EXPÉDITION MALGRÉ NOTRE ÉCHEC DE L'ANNÉE DERNIÈRE ?

HMM... POSSIBLE...

À LA PROCHAINE ASCENSION, COMPTEZ SUR MOI. JE SERAI DES VÔTRES !

HEU... CERTES... SEULEMENT LA MER DE GLACE N'EST PAS LE CHEMIN.

ET LE VERSANT ITALIEN TROP ABRUPT.

DOCTEUR, VENEZ VITE !

ON VOUS RÉCLAME AU HAMEAU DES PÈLERINS !

17

DOCTEUR, ENFIN !

QUE SE PASSE-T-IL ?

LE BÉBÉ SE TORD DE DOULEUR !

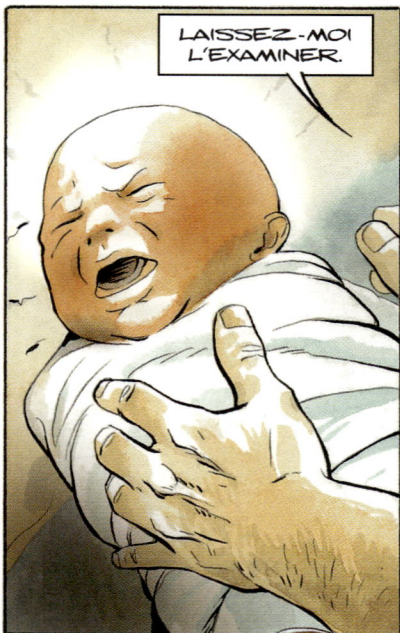

LAISSEZ-MOI L'EXAMINER.

EST-CE GRAVE ?

NE VOUS INQUIÉTEZ PAS, BALMAT. JUDITH SE REMETTRA AUSSI VITE QUE SON PÈRE EN JUIN.

VOUS ÉTIEZ POURTANT MAL EN POINT APRÈS VOTRE NUIT LÀ-HAUT, SEUL.

D'AILLEURS, LA RUMEUR DIT QUE VOUS AURIEZ TROUVÉ UNE VOIE.

VANTARDISE DE VOTRE PART OU RACONTARS DE BONNE FEMME ? SINON, VOUS N'AURIEZ PAS REBROUSSÉ CHEMIN.

LA VOIE, JE L'AI TROUVÉE ! J'Y RETOURNE ET JE RÉUSSIRAI !

18

EMMENEZ-MOI!

JE SUIS VAILLANT ET DÉTERMINÉ. JE L'AI PROUVÉ AVEC MONSIEUR DE SAUSSURE L'ÉTÉ DERNIER.

PEUH!! UNE CARAVANE AVEC MULETS ET DOMESTIQUES! TANDIS QUE MOI, JE PEUX MARCHER TROIS JOURS DANS LA NEIGE SANS MANGER.

JE ME FICHE DE LA RÉCOMPENSE.

ELLE SERA TOUTE À VOUS.

JE SUIS NÉ AU PIED DE LA MONTAGNE MAUDITE. JE VEUX LA CONQUÉRIR AUTANT QUE VOUS!

SOYEZ PRÊT DANS TROIS JOURS. EN ATTENDANT, SILENCE SUR NOTRE AFFAIRE...

79

LE VOILÀ !

PERSONNE NE SAIT ?

PAS MÊME MES DOMESTIQUES.

NÉANMOINS, IL SERAIT RAISONNABLE DE PARTIR À PLUSIEURS. IL EST ENCORE TEMPS DE CHANGER D'AVIS.

ET ME FAIRE VOLER MA VICTOIRE ?!?

JAMAIS !

J'AI DES MORCEAUX DE VIANDE. DU PAIN.

ET POUR L'EAU ?

ON FERA FONDRE LA NEIGE.

EN ROUTE.

MAMAN, VIENS. JUDITH PLEURE.

20

CES BRANCHES SERONT POUR LE FEU DE CE SOIR. CONTINUEZ. JE VOUS RATTRAPERAI PLUS LOIN.

PAS FÂCHÉ D'ARRIVER.

DEMAIN C'EST LA NEIGE ET LES GLACES. UNE AUTRE PAIRE DE MANCHES...

UNE VRAIE FORCE DE LA NATURE, CE BOUGRE.

UNE BONNE FOULÉE, LE DOCTEUR, ET PAS TROP CAUSANT. ÇA DEVRAIT ALLER.

21

ÇA COMMENCE LÀ, TOUJOURS PARTANT ?

JE PASSE LE PREMIER SI VOUS AVEZ PEUR.

HA ! HA !

PRUDENCE. ELLE PEUT MASQUER UNE CREVASSE.

ON N'AVANCE PLUS DANS CETTE NEIGE...

MEIN GOTT!

ES IST UNGLAUBICH ! SCHAUEN SIE DURCH SELBST AN !*

* C'EST INCROYABLE ! REGARDEZ PAR VOUS-MÊME !

COMMENT ?!? VOUS N'ÉTIEZ PAS DANS LA CONFIDENCE DU DOCTEUR ?

NON.

SIGNEZ LÀ, JE VOUS PRIE, MONSIEUR LE BARON.

ENFIN SI... À DEMI-MOT.

CES GENTILSHOMMES ALLEMANDS CERTIFIENT AVOIR VU DEUX HOMMES AUX ENVIRONS DE 18 HEURES, HIER, SE TENIR AU SOMMET DU MONT-BLANC.

INIMAGINABLE, N'EST-CE PAS ? LA MONTAGNE MAUDITE ENFIN VAINCUE !

TU AS LU ?

ON M'FERA PAS AVALER QUE LA REINE, FINALEMENT, ÉTAIT INNOCENTE DANS L'AFFAIRE DU COLLIER.

T'AS RAISON. JE FAIS PAS CONFIANCE À L'AUTRICHIENNE.

ILS ARRIVENT !

27

AIDEZ-LE. LA NEIGE LUI A BRÛLÉ LES YEUX.

MERCI, BALMAT. SANS VOUS...

ON A RÉUSSI ENSEMBLE, DOCTEUR.

TU ES DEVENU LE HÉROS DE CHAMONY ! LES MÉDISANTS EN SERONT POUR LEURS FRAIS À PRÉSENT !

CLAP!
CLAP!
CLAP!
CLAP!
CLAP!
CLAP!

COURS AU HAMEAU, BALMAT ! UN MALHEUR S'EST ABATTU SUR TON FOYER.

28

LE DOCTEUR PACCARD VOUS FAIT PART DE SA TRISTESSE POUR JUDITH. IL NE PEUT, POUR L'INSTANT, QUITTER L'OBSCURITÉ DE SA CHAMBRE. SES YEUX DEMEURENT FRAGILES.

MONSIEUR BALMAT !

VOTRE EXPLOIT MAGNIFIQUE MÉRITE D'ÊTRE CHANTÉ DE PAR LE MONDE. JE SUIS LA PERSONNE LA PLUS QUALIFIÉE POUR TRESSER LA COURONNE DE LAURIERS QUI VOUS REVIENT ET VOUS APPORTER FORTUNE ET GLOIRE !

JE ME FICHE DE VOS BEAUX DISCOURS ! J'AI ABANDONNÉ MA FAMILLE POUR CETTE MAUDITE MONTAGNE ET MON BÉBÉ EST MORT !

LAISSEZ-MOI !

29

CHAMONIX, 22 AOÛT...

J'ACCOURS EN TOUTE HÂTE DE GENÈVE DÈS L'ANNONCE DE LA NOUVELLE. ET VOILÀ QU'IL PLEUT À VERSE. IMPOSSIBLE DE SUIVRE LA VOIE QU'ILS ONT DÉCOUVERTE !

MONSIEUR DÉSIRE-T-IL PORTER SON COSTUME CORAIL POUR DÎNER AVEC LE DOCTEUR PACCARD CE SOIR ?

LE TEMPS PEUT S'AMÉLIORER, MONSIEUR.

FIN AOÛT, IL SERA TROP TARD POUR TENTER UNE EXPÉDITION. J'ENRAGE !

MONSEIGNEUR !

QUELLE JOIE DE VOUS SAVOIR PARMI NOUS ! LA PROCHAINE ASCENSION SERA LA NÔTRE...

JE BRÛLE DÉJÀ D'ORGANISER NOTRE VICTOIRE !

HORS DE QUESTION DE SUPPORTER UNE FOIS DE PLUS VOTRE INCOMPÉTENCE ET VOS GEIGNEMENTS !

LE MONT-BLANC MÉPRISE LES MAUVIETTES DE VOTRE ESPÈCE !

MAIS... JE VOUS ASSURE !

LE DOCTEUR PACCARD VA ME NOTER CHAQUE DÉTAIL. ET L'ANNÉE PROCHAINE JE REVIENDRAI...

SANS VOUS !!!

L'OR DE LA DÉESSE BLANCHE... JE NOTE TOUT. CHAQUE PAS DANS LA MONTAGNE. CHAQUE ROCHE EXAMINÉE.

FADAISE QUE CETTE HISTOIRE DE FILON D'OR DANS LA MONTAGNE !

NON, C'EST VRAI ! JE FINIRAI PAR LE TROUVER.

LE SEUL À SE COUVRIR D'OR SERA LE DOCTEUR PACCARD. SAVEZ-VOUS QU'IL PUBLIE LE RÉCIT DE L'ASCENSION ? IL S'Y OCTROIE LE BEAU RÔLE.

SELON LUI VOUS N'ÊTES QU'UN CRISTALLIER MINABLE QUE L'APPÂT DU GAIN A POUSSÉ À LUI SERVIR DE GUIDE, N'HÉSITANT PAS À DÉLAISSER VOTRE BÉBÉ MALADE POUR QUELQUES PIÉCETTES.

SOIT...

JE VOUS LAISSE À VOS CHIMÈRES ET JE PRENDS CONGÉ.

ATTENDEZ !

ÉCRIVEZ CE QUE VOUS VOULEZ À QUI VOUS VOULEZ. MAIS VENGEZ-MOI DE CETTE TRAHISON.

JE VAIS FAIRE DE VOUS LE ROI DU MONT-BLANC !

JACQUES, TOUT CECI NE ME DIT RIEN QUI VAILLE...

34

DÉPÊCHEZ-VOUS, ÇA VA COMMENCER !

J'ARRIVE !

SILENCE !

SILENCE !

LA SÉANCE VA DÉBUTER.

NOUS SOMMES RÉUNIS CE JOUR À LA DEMANDE DU DOCTEUR PACCARD, POUR JUGER À QUI REVIENT LE MÉRITE DE L'ASCENSION ET APAISER AINSI LES QUERELLES QUI ENVENIMENT NOTRE VILLAGE DEPUIS LA FIN DE L'ÉTÉ.

LE DOCTEUR PACCARD A-T-IL PAYÉ JACQUES BALMAT COMME UN SIMPLE GUIDE POUR L'ACCOMPAGNER ? AUQUEL CAS, TOUT LE SUCCÈS LUI REVIENT DE DROIT !

OU BIEN JACQUES BALMAT A-T-IL ENTRAÎNÉ LE DOCTEUR DANS L'AVENTURE, ASSURANT LE SUCCÈS DE L'ASCENSION PAR SON OPINIÂTRETÉ ET SA CONNAISSANCE DE LA MONTAGNE ?

QUE LE DÉBAT COMMENCE.

QUI VEUT TÉMOIGNER EN PREMIER ?

MOI !

33

BALMAT

QUI VA LÀ ?

QUI ES-TU ? QUE ME VEUX-TU ?

L'OR QUE TU CHERCHES DANS LA MONTAGNE MAUDITE, JE PEUX T'EN RÉVÉLER LE SECRET.

POURQUOI MOI ?

TU APPARTIENS À LA MONTAGNE.

SUIS-MOI.

35

HEUREUSEMENT QUE JE SUIS LÀ POUR ASSURER L'AVENIR DE NOTRE AMI, CAR CE PAUVRE FOU EST PERSUADÉ QUE DE L'OR SE CACHE DANS LES FLANCS DE LA MONTAGNE !

MONSIEUR BOURRIT ! BIENVENUE ! DE RETOUR AVEC LE MOIS D'AOÛT, SELON VOTRE HABITUDE.

J'APPORTE LA GLOIRE DE BALMAT DANS MES BAGAGES. GRÂCE À MON ENTREMISE, BIEN SÛR ! UN DOCUMENT SIGNÉ DU ROI DE SARDAIGNE LUI ACCORDANT LE NOM DE BALMAT DIT LE MONT-BLANC.

DE L'OR ?!?

LA PESTE SOIT DE BALMAT ! TOUJOURS EN TRAVERS DU CHEMIN. CE TOQUÉ RISQUE DE COMPROMETTRE NOS PETITES AFFAIRES AVEC SON HISTOIRE...

36

SAUSSURE...

J'AI BIEN REÇU VOTRE COURRIER, MONSEIGNEUR, DICTANT VOS CONDITIONS. JE LES ACCEPTE.

J'EN SUIS HEUREUX. VOUS SEREZ DONC LE GUIDE DE NOTRE EXPÉDITION D'ICI QUELQUES JOURS.

ENFIN ! L'HEURE VIENT DE SONNER POUR MOI. POUR LA PREMIÈRE FOIS DEPUIS 27 ANS, JE PEUX LA CONTEMPLER SANS LE SAISISSEMENT DOULOUREUX QUI M'ÉTREIGNAIT JUSQU'ALORS.

J'AI PASSÉ TOUTE L'ANNÉE À PRÉPARER MINUTIEUSEMENT NOTRE ASCENSION. J'AI JUGÉ QUE 2M50 SERAIT LA TAILLE IDÉALE DU BÂTON À EMPORTER.

JE ME SUIS INSPIRÉ DES CRAMPONS UTILISÉS PAR LES CHASSEURS DE CHAMOIS POUR LES ADAPTER AUX SOULIERS.

NOUS NE PARLONS POINT ICI AVENTURE ET SENSATIONS FORTES, MAIS DE L'EXPÉDITION QUI PORTERA LA SCIENCE AU SOMMET DE LA MONTAGNE ET ENRICHIRA NOTRE SAVOIR.

DÉTROMPEZ-VOUS, MONSEIGNEUR, LA MONTAGNE MAUDITE RESTERA TOUJOURS UNE AVENTURE.

37

FIN DE LA TERRE FERME. DÈS DEMAIN ON S'EMBARQUE POUR NEIGE ET GLACE JUSQU'AU SOMMET.

SI LA NEIGE EST RAMOLLIE, ON EST BONS POUR SOMBRER DANS UNE CREVASSE.

PAS D'INQUIÉTUDE. ON TRAVERSERA LE GLACIER À LA PREMIÈRE HEURE, DURCI PAR LE FROID DE LA NUIT.

DEMAIN, DEBOUT AUX AURORES ! À PRÉSENT, ALLEZ TOUS VOUS COUCHER.

AAH !

PAS SI PRÈS !
ÉCARTEZ-VOUS !

CE PIED SOUTIENT NOMBRE DE MES APPAREILS DE MESURE. SA PERTE EST DRAMATIQUE POUR LA SUITE DE MES EXPÉRIENCES.

ON VA LE RÉCUPÉRER.

40

PRENEZ LES HACHES. TAILLEZ DES MARCHES DANS LA GLACE.

NOUS Y SOMMES PRESQUE, MONSEIGNEUR. C'EST À VOUS DE MARCHER EN TÊTE.

42

COMMENÇONS PAR LES MESURES D'HYGROMÉTRIE.

J'AI UNE SOIF TERRIBLE.

LES VIVRES SONT GELÉS.

JE MANQUE D'AIR POUR RESPIRER.

J'AI PAS FAIM. J'AI MAL AU CŒUR.

ÇA NE VA PAS, MONSEIGNEUR ?

TOUT COMME VOUS, IL ME FAUT DEMEURER TRANQUILLE DE TEMPS À AUTRE POUR REPRENDRE MON SOUFFLE ET CHASSER MA NAUSÉE.

QU'EST-CE DONC, MONSEIGNEUR, QUE CETTE EXPÉRIENCE ?

JE TENTE, POUR AINSI DIRE, DE RAPPORTER UN ÉCHANTILLON DE CIEL.

VOICI LA NUANCE DU BLEU DE PRUSSE LA PLUS PROCHE DE LA COULEUR DU CIEL, AU SOMMET DU MONT-BLANC.

LE TEMPS ME FAIT DÉFAUT POUR MENER À BIEN TOUTES MES EXPÉRIENCES, CEPENDANT IL NOUS FAUT REDESCENDRE.

PAS TROP TÔT ! ÇA FAIT 5 HEURES QU'ON SE GÈLE À L'ATTENDRE.

CONDUISEZ-NOUS CHEZ LE DOCTEUR PACCARD.

CHAMONIX NE RESSEMBLE PLUS AU PETIT VILLAGE DE MONTAGNE QUE J'AI CONNU AUTREFOIS.

QUEL PLAISIR DE VOUS REVOIR APRÈS TOUTES CES ANNÉES !

UNE ŒUVRE DE MONSIEUR BOURRIT.

N'EST-CE PAS UNE GRAVURE REPRÉSENTANT MON ASCENSION ?

C'EST GRÂCE À VOUS, MONSEIGNEUR ! LE RÉCIT DE VOTRE ASCENSION NOUS A APPORTÉ RENOMMÉE ET TOURISTES DU MONDE ENTIER.

CET ÉTERNEL BREDOUILLE DU MONT-BLANC CONTINUE DE PAVOISER DANS LES AUBERGES DE LA VILLE SUR SON AMITIÉ AVEC BALMAT.

À CE SUJET, J'AI APPRIS AVEC JOIE VOTRE MARIAGE AVEC L'UNE DES SŒURS DE CE BRAVE.

LIER NOS FAMILLES A ENFIN APAISÉ NOS STUPIDES QUERELLES.

CONTRAIREMENT À NOUS, JACQUES RESTE HANTÉ PAR LA MONTAGNE MAUDITE.

J'ENVIE CETTE PASSION QUI PERDURE. L'ABOUTISSEMENT DE CE RÊVE PORTÉ PENDANT TANT D'ANNÉES ME LAISSE UN SENTIMENT DE VIDE QUE MES EXPÉRIENCES SCIENTIFIQUES NE RÉUSSISSENT PAS À COMBLER.

JE VOUS SALUE, CHER DOCTEUR. ÉTANT DONNÉ MON ÂGE, J'AI BIEN PEUR QUE CETTE SOIRÉE SOIT LA DERNIÈRE EN VOTRE COMPAGNIE.

45

47

JANVIER 1799...

JACQUES, JE VOUS RAMÈNE À CHAMONIX ?

NON MERCI, DOCTEUR J'AI ENCORE UNE COURSE À FAIRE À GENÈVE.

BIEN VRAI ? VOUS PRÉFÉREZ RENTRER À PIED ?

J'AI L'HABITUDE, 18 LIEUES* À PARCOURIR NE SONT PAS POUR M'EFFRAYER.

*90 Km

ABRAHAM RAISIN
CHIMISTE

ABRAHAM RAISIN
CHIMISTE

BELMER
plantes

QUE PUIS-JE POUR VOUS ?

EXAMINER CES CRISTAUX. EST-CE DE L'OR ?

DÉSOLÉ DE VOUS DÉCEVOIR, MAIS IL NE S'AGIT QUE DE VULGAIRE PYRITE.

COULEUR TROMPEUSE, CERTES, MAIS LES VERTUS DE CETTE PIERRE SONT D'UNE AUTRE NATURE. NOS AÏEULS L'UTILISAIENT POUR FABRIQUER DES PIERRES À FEU, CAR VOYEZ-VOUS, ELLE PRODUIT DES ÉTINCELLES LORSQU'ELLE EST CHOQUÉE.

JE SAIS QU'IL Y A DE L'OR DANS LA MONTAGNE MAUDITE.

JE CONTINUERAI À CHERCHER. MÊME SI ÇA ME PREND DES ANNÉES.

VENTE EN GROS ET AU DÉTAIL

47

BONJOUR, P'PA. TU VIENS M'AIDER ?

PAS L'TEMPS, FISTON. JE VAIS DANS LA MONTAGNE.

VOYONS... HACHE... UNE GOURDE D'EAU... ÉVIDEMMENT, MES CARNETS POUR NOTER MES RECHERCHES...

JACQUES ! TU PARS ENCORE !

QUAND CESSERAS-TU CES COURSES EN MONTAGNE ? QUAND TU SERAS DANS LA TOMBE COMME SAUSSURE ET À PRÉSENT LE DOCTEUR PACCARD ?!? LAISSE DONC LA MONTAGNE MAUDITE TRANQUILLE !

TU NE M'AS JAMAIS CRU LORSQUE JE T'AI DIT QU'IL Y AVAIT DE L'OR LÀ-HAUT.

PARCE QUE JE M'EN FICHE !

ON A GAGNÉ ASSEZ ENTRE LA RÉCOMPENSE DE SAUSSURE ET TES ANNÉES DE GUIDE POUR AVOIR UNE BELLE FERME. MAIS TU N'ES JAMAIS LÀ !

À TON ÂGE, CE N'EST PAS RAISONNABLE.

RESTE, S'IL TE PLAÎT ...

48

14 février 1826

Trois jours d'exploration avant de découvrir une caverne profonde aux Aiguilles Rouges.

Est-ce celle où un homme d'Argentières a trouvé des sables d'or ?

ABRAHAM RAISIN
CHIMISTE

PIERRES
PRÉCIEUSES

OUVERTURE
DU MAGASIN
EN DIRECT
DE L'APRÈS
MIDI

Cori
Clém
Den
Cypr

DÉSOLÉ, CHER
MONSIEUR BALMAT.
CE N'EST TOUJOURS
PAS DE L'OR.

HALTE-LÀ,
BALMAT !!

TU NOUS POURRIS LA VIE, BALMAT. FAUT QUE ÇA CESSE !

BARRAT DIT VRAI. TANT QUE T'ÉTAIS DISCRET, ON DISAIT RIEN. MAIS TES ALLER-RETOUR A GENÈVE DEVIENNENT VOYANTS.

TRÈS MAUVAIS POUR NOTRE PETIT COMMERCE...

SI TU CLAMES QU'IL Y A DE L'OR LA MONTAGNE MAUDITE SERA ENVAHIE PAR DES TOQUÉS DE TON ESPÈCE. SANS COMPTER LA MARÉCHAUSSÉE.

MÉFIE-TOI, BALMAT. UN ACCIDENT EST SI VITE ARRIVÉ.

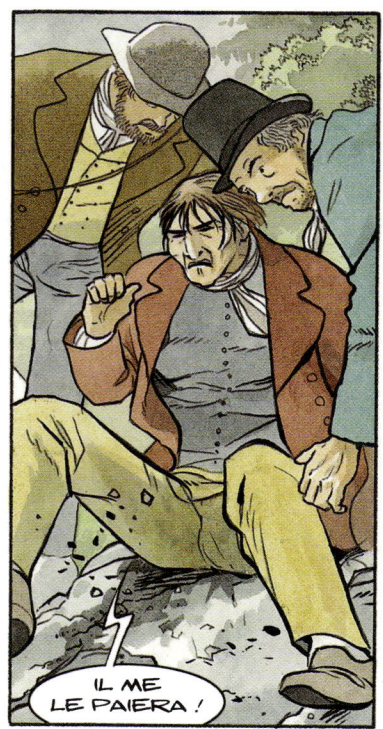

IL ME LE PAIERA !

ET SI BALMAT AVAIT RAISON ? L'OR NOUS RAPPORTERAIT PLUS QUE LA CONTREBANDE !

T'INQUIÈTE. SUFFIRA DE LE FILER COMME SON OMBRE POUR SAVOIR.

50

52

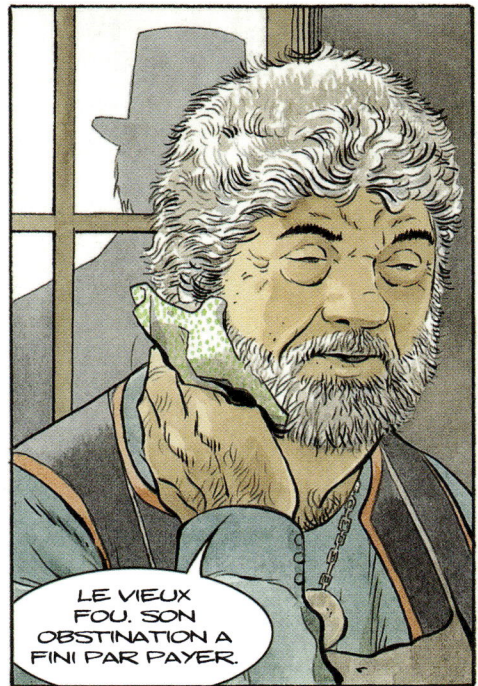

ENFIN...
JE T'ATTENDS
DEPUIS SI
LONG·TEMPS.

VIVIANNE PERRET

Fin

LAURENT BUDOT
2010